Ernst Probst

Der Sögel-Wohlde-Kreis

Ein Grabsittenkreis der Bronzezeit vor etwa 1600 bis 1500 v. Chr.

Der GRIN Verlag publiziert seit 1998 wissenschaftliche Arbeiten von Studenten, Hochschullehrern und anderen Akademikern als eBook und gedrucktes Buch. Die Verlagswebsite www.grin.com ist die ideale Plattform zur Veröffentlichung von Hausarbeiten, Abschlussarbeiten, wissenschaftlichen Aufsätzen, Dissertationen und Fachbüchern.

Dokument Nr. V181129 aus dem GRIN Verlagsprogramm

Ernst Probst

Der Sögel-Wohlde-Kreis

Ein Grabsittenkreis der Bronzezeit vor etwa 1600 bis 1500 v. Chr.

GRIN Verlag

Die Deutsche Bibliothek verzeichnet diese Publikation in der Deutschen Nationalbibliografie; detaillierte bibliografische Daten sind im Internet über http://dnb.d-nb.de/ abrufbar.

1. Auflage 2011
Copyright © 2011 GRIN Verlag GmbH
http://www.grin.com
Druck und Bindung: Books on Demand GmbH, Norderstedt Germany
ISBN 978-3-656-03882-5

Frau aus der Bronzezeit
vor etwa 1600 bis 1500 v. Chr. in Niedersachsen.
Ausschnitt aus einer Zeichnung
von Friederike Hilscher-Ehlert, Königswinter,
für das Buch »Deutschland in der Bronzezeit« (1996)
von Ernst Probst

Ernst Probst

Der Sögel-Wohlde-Kreis

Ein Grabsittenkreis der Bronzezeit
vor etwa 1600 bis 1500 v. Chr.

Widmung

Den Wissenschaftlern gewidmet,
die mich bei meinem Buch
„Deutschland in der Bronzezeit" (1996)
bei den Recherchen über Kulturen
der Frühbronzezeit
besonders unterstützt haben:

Dr. Gretel Gallay (heute Callesen), Nidderau
Professor Dr. Hans-Eckart Joachim, Bonn
Professor Dr. Horst Keiling, Schwerin
Professor Dr. Rüdiger Krause, Frankfurt am Main
Dr. Friedrich Laux, Hamburg
Dr. Peter Schröter, München

Rekonstruktion von Kleidung und Schmuck der »Prinzessin von Fallingbostel« (Kreis Soltau-Fallingbostel) in Niedersachsen vor etwa 1600 bis 1500 v. Chr. Rekonstruktion Archäologische Arbeitsgemeinschaft e. V., Landkreis Soltau-Fallingbostel

Vorwort

Ein Grabsittenkreis, der in der Bronzezeit von etwa 1600 bis 1500 v. Chr. im östlichen Nordrhein-Westfalen, im westlichen mittleren Niedersachsen und im südlichen Schleswig-Holstein existierte, steht im Mittelpunkt des Taschenbuches »Der Sögel-Wohlde-Kreis«. Geschildert werden die Anatomie der damaligen Ackerbauern, Viehzüchter und Bronzegießer, ihre Kleidung, ihr Schmuck, ihre Werkzeuge, Waffen, Haustiere, ihr Verkehrswesen, Handel und ihre Religion. Verfasser ist der Wiesbadener Wissenschaftsautor Ernst Probst, der sich vor allem durch seine Werke »Deutschland in der Urzeit« (1986), »Deutschland in der Steinzeit« (1991) und »Deutschland in der Bronzezeit« (1996) einen Namen gemacht hat. Das Taschenbuch »Der Sögel-Wohlde-Kreis« ist Dr. Gretel Gallay, Professor Dr. Hans-Eckart Joachim, Professor Dr. Horst Keiling, Professor Dr. Rüdiger Krause, Dr. Friedrich Laux und Dr. Peter Schröter gewidmet, die den Autor mit Rat und Tat bei seinen Recherchen über Kulturen der Frühbronzezeit unterstützt haben. Es enthält Lebensbilder der wissenschaftlichen Graphikerin Friederike Hilscher-Ehlert aus Königswinter.

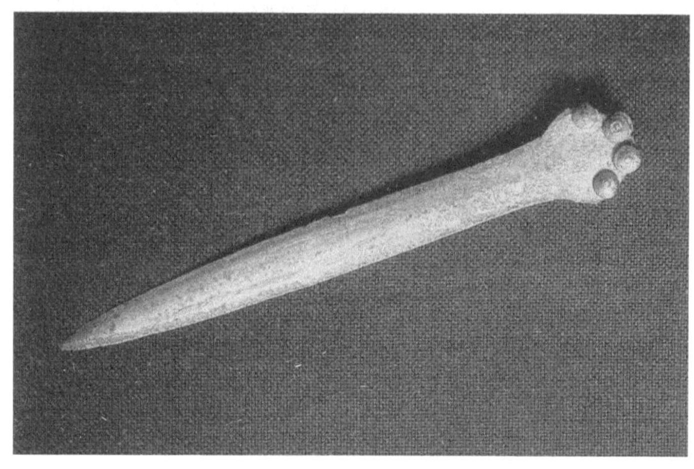

Bronzenes Kurzschwert des Typs Wohlde
aus dem Grabhügel 1 von Baven (Kreis Celle) in Niedersachsen.
Der Typ Wohlde ist nach dem Fundort Dohnsen-Wohlde
(Kreis Celle) benannt. Länge 32,5 Zentimeter.
Original im Niedersächsischen Landesmuseum Hannover.

Inhalt

Der dänische Archäologe
Christian Jürgensen Thomsen (1788–1865)
hat 1836 die Urgeschichte
nach dem jeweils am meisten verwendetem Rohstoff
in drei Perioden eingeteilt:
Steinzeit, Bronzezeit und Eisenzeit.

Die Frühbronzezeit in Deutschland

Abfolge und Verbreitung der Kulturen und Gruppen

Die Frühbronzezeit (Bronzezeit A) wurde in Deutschland zunächst in eine ältere Stufe (A 1) und in eine jüngere Stufe (A 2) unterteilt. Jene Gliederung aus dem Jahre 1924 geht auf den damals in München arbeitenden Prähistoriker Paul Reinecke (1872–1958) zurück. Er hatte sie anfangs nur als Unterteilung der Straubinger Kultur vorgesehen, später wurde sie von anderen Autoren auf frühbronzezeitliche Kulturen in Süd- und Mitteldeutschland übertragen. Heute teilt man die Frühbronzezeit entweder in drei Abschnitte (Stufen A 1, A 2, A 3) oder in vier Abschnitte (Phasen 1, 2, 3, 4) ein. Einer der ersten, der eine Dreigliederung vorschlug, war 1957 der damals in München tätige Prähistoriker Rudolf Hachmann. Die Gliederung in vier Abschnitte wurde 1964 durch den Münchener Prähistoriker Rainer Christlein (1940–1983) vorgenommen.

In Mitteldeutschland gab die Aunjetitzer Kultur den Auftakt zur Frühbronzezeit. Diese existierte etwa von 2300 bis 1600/1500 v. Chr.[1] Die Aunjetitzer Kultur war in der Stufe A 1 in Thüringen, Sachsen und Sachsen-Anhalt heimisch. In der Stufe A 2 breitete sie sich auch ins östliche Niedersachsen und nach Brandenburg aus.

Die Funde der Aunjetitzer Kultur in Mecklenburg-
Vorpommern sind lediglich Importe.

Im östlichen Süddeutschland begann die Frühbronzezeit mit der Straubinger Kultur. Sie behauptete sich
ungefähr von 2300 bis 1600 v. Chr. in Südbayern
(Niederbayern, Oberbayern sowie teilweise in der
Oberpfalz und Schwaben). Ihr jüngerer Abschnitt wird
auch als Langquaid-Stufe bezeichnet.

Westlich an die Straubinger Kultur grenzte die Singe-
ner Gruppe an. Sie existierte in südlichen Teilen Baden-
Württembergs um 2300/2200 bis 1800 v. Chr. Die etwa
gleichaltrigen Gräber am Ober- und Hochrhein werden
der Oberrhein-Hochrhein-Gruppe zugerechnet.

Zwischen etwa 1800 und 1600 v. Chr. war gebietsweise
im südlichen Baden-Württemberg die Arbon-Kultur
verbreitet.

Im Nördlinger Ries und im oberen Altmühltal bei
Treuchtlingen unterschied sich die Ries-Gruppe vor
allem durch ihre Grab- und Bestattungssitten von der
teilweise gleichzeitigen Straubinger Kultur. Erstere
Kulturstufe dauerte ungefähr von 2100 bis 1800 v. Chr.
Im mittleren Neckarland behauptete sich um 2100 bis
1800 v. Chr. die Neckar-Gruppe.

Nördlich der Neckar-Gruppe schloss sich in Südwest-
deutschland die Adlerberg-Kultur an. Sie hielt sich etwa
von 2100 bis 1800 v. Chr. gebietsweise in Rheinland-
Pfalz, Hessen und im nördlichen Baden-Württemberg
(Nordbaden).

Während der Frühbronzezeit gab es ein deutliches
Kulturgefälle zwischen Norddeutschland und Nordrhein-Westfalen auf der einen Seite sowie Süd- und

Mitteldeutschland auf der anderen Seite. Der Norden war damals in metalltechnischer Hinsicht rückschrittlicher als der Süden, wo die Neuerungen der Metallurgie früher Fuß fassten. Dies ist der Grund dafür, dass in Norddeutschland und in Nordrhein-Westfalen die Frühbronzezeit später begann als in Süd- und Mitteldeutschland. Im Norden existierten während der süddeutschen Frühbronzezeit noch Kulturen auf dem Niveau der späten Jungsteinzeit, allerdings mit einer zur Vollendung geführten Feuerstein-Technik.

Im östlichen Nordrhein-Westfalen, im westlichen mittleren Niedersachsen und im südlichen Schleswig-Holstein markierte der Sögel-Wohlde-Kreis den Auftakt der Frühbronzezeit. Er ist von etwa 1600 bis 1500 v. Chr. nachweisbar und entspricht der frühen mittelbronzezeitlichen Hügelgräber-Kultur im Süden und Südosten.

In Mecklenburg-Vorpommern-Vorpommern gab es von etwa 1800 bis 1500 v. Chr. die nordische frühe Bronzezeit, die auch frühe Bronzezeit des Nordischen Kreises genannt wird. Sie beginnt mit einer Art Phasenverschiebung um eine Bronzezeitstufe später als die süd- und mitteldeutsche Frühbronzezeit. Die nordische frühe Bronzezeit entspricht der Periode I in der Chronologie des schwedischen Prähistorikers Oscar Montelius (1843–1921).

FRIEDRICH LAUX,
geboren am 8. März 1938 in Roth bei Nürnberg.
Er arbeitete 1969
bei der Römisch-Germanischen Kommission
in Frankfurt/Main,
1970 bis 1975 am Museum Lüneburg,
1976/77 am Institut
für Vor- und Frühgeschichte in Saarbrücken
und wirkte von 1977 bis 2001
am Hamburger Museum für Archäologie.
Laux benannte 1971
den Sögel-Wohlde-Kreis
und die Lüneburger Gruppe
sowie 1987/90 die Südhannoversche Gruppe,
die Oldenburg-emsländische Gruppe
und die Allermündungs-Gruppe.

Die »Prinzessin von Fallingbostel«

Der Sögel-Wohlde-Kreis

Die frühe Bronzezeit wird in Niedersachsen in zwei Abschnitte eingeteilt. Dort existierte während des frühen Abschnitts noch die jungsteinzeitliche Einzelgrab-Kultur[1], die sich in Nordwestdeutschland neben der Aunjetitzer Kultur behauptete. Als Grab der Einzelgrab-Kultur mit starken Verbindungen zur Aunjetitzer Kultur Böhmens gilt die Schädelbestattung von Metzendorf-Woxdorf[2] (Kreis Harburg). Zu dieser Zeit sind zahlreiche bronzene Randleistenbeile nach Niedersachsen gelangt, deren Fundorte an der Weser eine deutliche Westgrenze bilden.

Im Schlussabschnitt der frühen Bonzezeit entstand in Nordwestdeutschland der Sögel-Wohlde-Kreis, der etwa von 1600 bis 1500 v. Chr. nachweisbar ist. Er wurde nach den niedersächsischen Fundorten Sögel[3] (Kreis Emsland) und Dohnsen-Wohlde[4] (Kreis Celle) benannt. Dabei handelte es sich nicht um eine Kultur, sondern um einen Grabsittenkreis, für den bestimmte Waffenbeigaben in Männergräbern typisch sind.

Der Sögel-Wohlde-Kreis war im östlichen Nordrhein-Westfalen, in Niedersachsen und im südlichen Schleswig-Holstein verbreitet. Im Westen reichte er bis ins nördliche Holland. Seine Ostgrenze wurde durch die Kreise Celle, Soltau-Fallingbostel und Harburg markiert. Im östlicher gelegenen Ilmenautal (Kreise Lüneburg und Uelzen) sowie im hannoverschen Wendland (Kreis

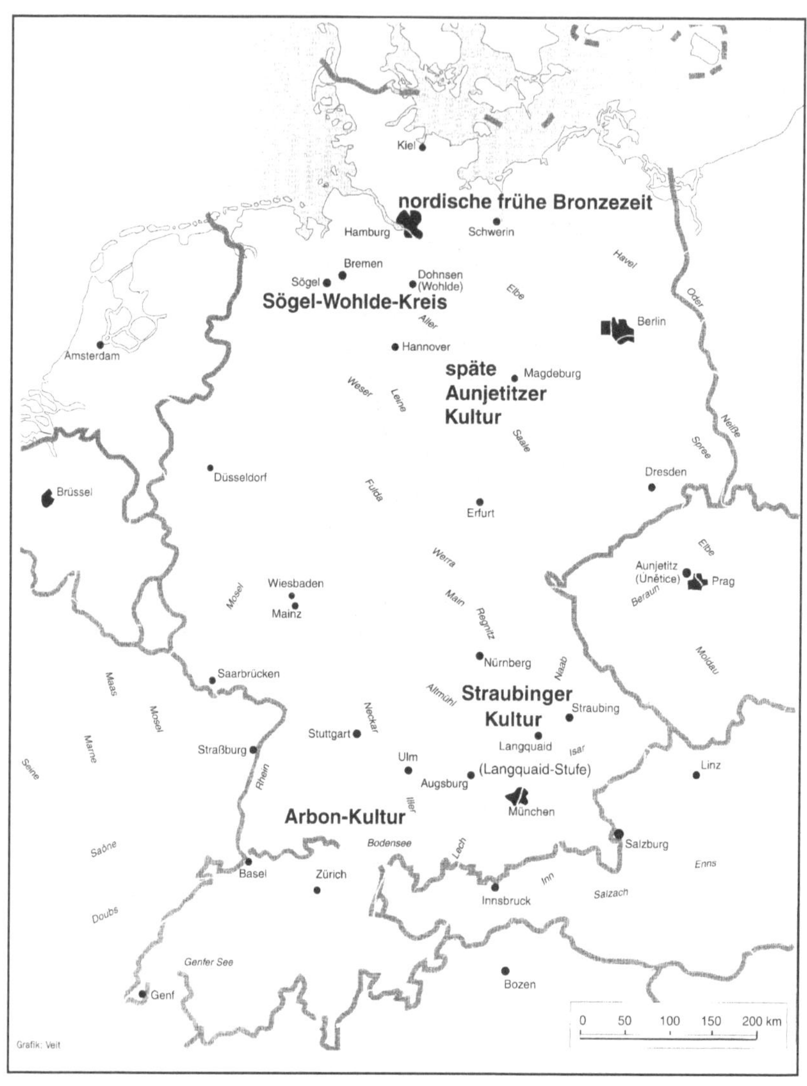

Verbreitung der Kulturen und Gruppen während der jüngeren Frühbronzezeit (etwa 1800 bis 1500 v. Chr.) in Deutschland

16

Lüchow-Dannenberg) und in der Altmark folgte parallel zum Sögel-Wohlde-Kreis eine späteste Einzelgrab-Kultur mit letzten Einflüssen der Aunjetitzer Kultur, die durch bestimmte Randleistenbeile gekennzeichnet ist. Diese Beile sind über das Ilmenautal hinaus nicht weiter nach Westen gelangt. Am besten wird jene Zeitphase östlich des Sögel-Wohlde-Kreises durch einige Tongefäße vom Urnenfriedhof Hamburg-Sande dokumentiert.

Der Begriff »Sögel-Wohlde-Kreis« wurde 1971 von dem damals in Lüneburg tätigen Prähistoriker Friedrich Laux in die Fachliteratur eingeführt. Zuvor hatten bereits 1927 der damals in Hannover arbeitende Prähistoriker Ernst Sprockhoff (1892–1967) von der »Sögeler Stufe« sowie der 1958 in Hamburg wirkende Prähistoriker Rolf Hachmann vom »Sögeler Kreis« und vom »Wohlder Kreis« gesprochen. Zeitlich entspricht der Sögel-Wohlde-Kreis weitgehend der Periode I und dem Beginn der Periode II der nordischen Bronzezeit (s. S. 15) sowie dem älteren Teil der süddeutschen mittelbronzezeitlichen Hügelgräber-Bronzezeit.

Die Menschen der frühen Bronzezeit in Norddeutschland hatten Schädel von großer Höhe mit breiter Stirn sowie relativ kleinem beziehungsweise schmalem und niedrigem Gesicht. Doch in der Folgezeit wurden ihre Kopfumrisse immer kleiner und runder und die Gesichter breiter. Fünf Moorleichen aus dem Tannenhausener Moor (Kreis Aurich) in Niedersachsen könnten vielleicht aus dieser Zeit stammen.

Wollfäden aus einem Frauengrab bei Fallingbostel[5] (Kreis Soltau-Fallingbostel) in Niedersachsen belegen

Kleidung aus Schafwolle. Diese Frau war so reich geschmückt, dass sie phantasievoll als »Prinzessin von Fallingbostel« bezeichnet wurde. Zu ihrer Garderobe gehörte ein Schultertuch, das mit einer bronzenen Radnadel festgesteckt war. Außerdem fand man bei ihr einen Tätowierstift. Viele Frauen trugen Kappen als Kopfbedeckung.

Von den Siedlungen wurden bisher keine Spuren gefunden. Sie dürften unweit der Gräber gelegen haben. Die Sögel-Wohlde-Leute waren Ackerbauern und Viehzüchter. Wie schon in der Jungsteinzeit wurde weiterhin mit Feuersteinsicheln geerntet. Zu ihren Haustieren gehörte das Schaf, worauf die erwähnten Wollfäden von Fallingbostel hinweisen.

Die in Grabgruben liegenden Scherben von größeren Tongefäßen sind – nach Meinung von Prähistorikern – wohl nur zufällig dort hineingeraten. Daneben fertigte man auch Holzgefäße an, wie der Fund eines verkohlten Holzbechers von Baven bei Hermannsburg (Kreis Celle) in Niedersachsen zeigt.

Typisch für die Männergräber des Sögel-Wohlde-Kreises sind bronzene Kurzschwerter und Randleistenbeile, seltener Dolche. Außerdem fand man darin Feuerschlagsteine und Pfeilspitzen aus Feuerstein.

Die Feuerschlagsteine gehörten zu einer Garnitur, die neben dem stabförmigen Feuerstein und einer Pyritknolle zum Funkenschlagen einen leicht entflammbaren Zunderschwamm enthielt, der nicht erhalten blieb. Jeweils zwei Feuerschlagsteine und ein Wetzstein haben in zwei Gräbern von Sögel gelegen. Die Wetzsteine dienten zum Schärfen der metallenen Schwert- und

Beilklingen sowie der Lanzenspitzen. Pyritknollen fanden sich in einem Grab bei Langendamm (Kreis Nienburg).

Pfeil und Bogen scheinen eine beliebte Waffe gewesen zu sein. Allein in einem Grab von Barglay[6] (Stadt Wildeshausen, niedersächsischer Kreis Oldenburg) kamen neun zumeist herzförmige Pfeilspitzen aus grauem, braunem, weißem und rotem Feuerstein von 2,4 bis 4,6 Zentimeter Länge zum Vorschein. Darunter ist die rote Pfeilspitze besonders interessant, weil roter Feuerstein nur auf der Nordseeinsel Helgoland vorkommt und von dort her über das Meer transportiert wurde. Der Mann von Barglay besaß neben einem Kurzschwert einen Köcher voller Pfeile, von denen allerdings nur die Spitzen erhalten blieben.

Auch in vielen anderen Gräbern des Sögel-Wohlde-Kreises lag eine größere Zahl herzförmiger Pfeilspitzen. So kennt man aus einem Grab von Baven (Kreis Celle) insgesamt 17, in Dohnsen/Wohlde-Roxhüllen (Kreis Celle) 13, in Bockel (Kreis Soltau-Fallingbostel) sechs, in Buchholz (Kreis Harburg) sechs und in Cammerbusch (Kreis Stade) fünf Pfeilspitzen.

In einem Grab mit Baumsarg bei Luttum[7] (Kreis Verden) stieß man auf mindestens vier daumenbreite schwarze Verfärbungen von knapp 35 Zentimeter Länge, die auf Feuerstein-Pfeilspitzen zuliefen. Es könnten die ehemaligen Pfeilschäfte oder Reste des Pfeilköchers gewesen sein. An zwei der Pfeilspitzen hafteten noch zentimetergroße Rindenstücke der einst berindeten Pfeilschäfte, die wohl nicht dicker als sieben Millimeter waren.

Die Feuerschlagsteine, Pfeilspitzen und Feuersteindolche des Sögel-Wohlde-Kreises beweisen, dass
weiterhin das Zurechtschlagen von Steinwerk-
zeugen und waffen praktiziert wurde. Wahre Mei-
sterstücke der Steinschlagkunst sind die formvollen-
deten Feuersteindolche, die in älterer Fachliteratur
zuweilen irrtümlich für Lanzenspitzen gehalten wurden.
Die beiden Kurzschwerter, nach denen der Typ Sögel
erstmals beschrieben wurde, waren bereits 1898 beim
Bau eines neuen Weges von Spahn nach Werpeloh
entdeckt worden. Sie gelangten nach Sögel in das Haus
des Rechtsanwalts und Notars Friedrich Schlicht, dessen
Tochter Elisabeth Schlicht (1914–1989) durch die
Sammlung des Vaters dazu angeregt wurde, Archäologie
zu studieren. 1927 wurden die in Sögel aufbewahrten
Kurzschwerter mit dieser Fundortangabe von Ernst
Sprockhoff, der damals im Hause Schlicht in Sögel
verkehrte, publiziert. Seit dem Zweiten Weltkrieg sind
diese Funde verschollen.
Kennzeichen des Kurzschwerts vom Typ Sögel sind die
runde Heftplatte sowie die typische Sögeler Verzierung
mit Liniengruppen, Punktlinien und Bogengirlanden.
Seine Vorbilder findet man in Ostungarn und Rumänien.
Das Sögeler Schwert gilt als Stichwaffe.
Im Gegensatz zum Sögeler Schwert war das wohl etwas
später aufkommende Kurzschwert vom Typ Wohlde
mit einer trapezförmigen Heftplatte versehen. Dieser
Schwerttyp wurde 1937 erstmals durch den Landwirt
und Prähistoriker Hans Piesker (1894–1977) aus Hermannsburg beschrieben. Die Kurzschwerter des Typs

Wohlde werden von ungarischen Kurzschwertern mit trapezförmiger Griffplatte abgeleitet.

Es gab aber auch Schwerter, die sowohl Merkmale des Typs Sögel als des Typs Wohlde vereinigen. So hat ein Kurzschwert aus Toppenstedt (Kreis Harburg) die trapezförmige Heftplatte des Typs Wohlde und eine Verzierung, die mit dem des Typs Sögel identisch ist. In einem Grabhügel von Baven bei Hermannsburg kamen ein Dolch mit abgerundeter Heftplatte, aber mit Pflock- statt Hutnieten, und ein Wohlder Kurzschwert zu- sammen vor.

Die bronzenen Dolche lassen sich ebenfalls in zwei Typen unterscheiden. Für den Typ Sögel war – wie bei den Schwertern – eine runde Heftplatte charakteristisch. Manchmal verstärkte man diese Dolche mit einer Mittelrippe und verzierte sie mit einem Liniendreieck auf der Klinge. Der Typ Wohlde trug auf dem trapezförmigen Heft vier trapezartig angeordnete Nieten zur Befestigung des Griffes. Die in Frauengräbern geborgenen Dolche waren allesamt klein und un- ansehnlich.

Bei Tauschgeschäften wechselten roter Feuerstein von der Nordseeinsel Helgoland, Bernstein von der Ost- seeküste, bronzene Waffen aus Süddeutschland und Südosteuropa den Besitzer. Diese Waren wurden si- cherlich nicht nur zu Fuß, sondern auch mit Was- serfahrzeugen oder auf Wagen transportiert.

Als Importe aus Ungarn und Rumänien gelten Sögel- und Wohlde-Schwerter, Randleistenbeile vom Typ Helmste sowie Nadeln mit Kegelkopf und seitlich verdicktem, durchlochtem Hals. Diese Objekte ge-

Foto auf Seite 23:

Der Landwirt und Prähistoriker
Hans Piesker (1894–1977) – sitzend mit Helfern –
aus Hermannsburg (Kreis Celle)
in Niedersachsen
hat 1937 das Kurzschwert
vom Typ Wohlde beschrieben,
das er nach dem niedersächischen Fundort
Dohnsen-Wohlde bezeichnete.

langten auf zwei Wegen nach Mitteleuropa: einmal die Elbe abwärts nach Niedersachsen (Totenhütte von Baven, »Prinzessin von Fallingbostel«), zum anderen die Donau aufwärts nach Bayern (Lochham) und von dort durch die Oberpfalz, Südthüringen ins östliche Hessen.

Um 2010 v. Chr. – also schon vor der Zeit des Sögel-Wohlde-Kreises – wurde der etwa 180 Meter lange und drei Meter breite Bohlenweg bei Ockenhausen/Oltmannsfehn[8] (Kreis Leer) in Niedersachsen erbaut, der einen Moorstreifen von Norden nach Süden überquerte. Die runden Querhölzer, welche die auffällig ebene Fahrbahn bildeten, stammten von Erlen- und Birkenstämmen. Sie lagen auf paarweise verlegten Längshölzern. An den Enden der Querhölzer sind deutliche Hiebe von schartenfreien – vielleicht neuen – Metalläxten zu erkennen. Die dabei entstandenen Schnittflächen verlaufen quer zur Holzfaser.

Irgendwann zwischen 1750 und 1550 v. Chr. – sind vier hölzerne Scheibenräder eines Wagens aus der Gegend bei Glum[9] (Kreis Oldenburg) in Niedersachsen in Gebrauch gewesen. Die Räder kamen beim Torfabbau am Ostrand des Vehnemoores zum Vorschein. Möglicherweise wurden die ausgetrockneten Räder ins Moor gelegt, damit sie dort aufquellen sollten. Auf diese Weise hätten sich die durch Austrocknung lose gewordenen Buchsen wieder im Rad festgesetzt und sich auch Risse geschlossen.

Der Durchmesser der Räder bei Glum beträgt 68 bis 74 Zentimeter, die Lauffläche ist vier bis fünf Zentimeter breit. Die einteilige Radscheibe besteht aus

Erlenholz, die darin eingesetzte Buchse, welche den
Lauf stabilisierte, dagegen aus Birkenholz. Bei längerer
Benutzung konnte man zunächst die Buchse aus-
wechseln und die Radscheibe weiter verwenden.
Dicke Erlenstämme von 70 Zentimeter Durchmesser
und mehr, wie sie für die großen Scheibenräder bei Glum
benötigt wurden, waren damals selten. Hinzu kam, dass
die Stämme von solchen mächtigen alten Erlen häufig
im Kern faul sind. Nach den Abnutzungs- und Schliff-
spuren zu schließen, stammen die vier Scheibenräder
von einem Wagen und nicht von zwei Karren.
Wie reich damals manche Frauen geschmückt waren,
verraten die ungewöhnlich vielen Schmuckstücke der
erwähnten »Prinzessin von Fallingbostel«. Nach heuti-
ger Erkenntnis handelt es sich dabei um eine Frau in
niederösterreichisch-westungarischer Tracht, die in die
Lüneburger Heide eingeheiratet hat. Ihr Grab gilt bisher
als die einzige mit bronzenem Schmuck versehene,
sichere Bestattung einer Frau des Sögel-Wohlde-Kreises.
Als Kopfbedeckung trug die »Prinzessin« eine Flügel-
haube, auf die Dutzende von kegelförmigen Hütchen
mit zwei seitlichen Löchern und zudem Röhrchen aus
Bronzeblech genäht waren. Um den Hals hingen acht
dünnstabige Ringe aus Bronze mit eingerollten Ösen-
enden und eine Kette mit zwölf Bernsteinperlen, zwischen die man sieben durchbrochene umgekehrt-
herzförmige Anhänger aus Bronze eingereiht hatte.
Herzförmige Anhänger sind in Niedersachsen einmalig.
Ähnliche Schmuckstücke kennt man aus Gräbern der
Hügelgräber-Kultur in Süddeutschland, früh- und

Foto auf Seite 27:

Ausgrabung des Bohlenweges
mit der Bezeichnung XVIII (Le)
bei Ockenhausen / Oltmannsfehn (Kreis Leer)
in Niedersachsen
aus der Zeit um 2010 v. Chr.
Das 1984 freigelegte Teilstück
war 90 Meter lang,
der gesamte weg etwa 180 Meter.

Zeichnung auf Seite 29:

Reichgeschmückte Frau
in niederösterreichisch-westungarischer Tracht
aus Fallingbostel (Kreis Soltau-Fallingbostel)
in Niedersachsen.
Sie wird von manchen Autoren phantasievoll
als »Prinzessin von Fallingbostel« bezeichnet.
Zeichnung von Friederike Hilscher-Ehlert, Königswinter,
für das Buch »Deutschland in der Bronzezeit« (1996)
von Ernst Probst

mittelbronzezeitlichen Gräbern von Asparn an der Zaya (Niederösterreich), Kisapostag und Rákóczifalva (Westungarn) sowie auf den Gussformen von Soltvadket (Westungarn). Zwei umgekehrt-herzförmige Anhänger sind auch in Fahrenkrug (Kreis Segeberg) in Schleswig-Holstein entdeckt worden.

Auf der Brust der vornehmen Frau aus Fallingbostel prangte eine sechsspeichige bronzene Radnadel, mit der ein Schultertuch festgesteckt wurde. An jedem Unterarm funkelte eine bronzene Spirale mit je sieben Windungen, an drei Fingern steckten Spiralen aus Bronzedraht. Von letzteren hatten zwei sechs Windungen, während eine zweifach gewunden war. Des weiteren lag ein bronzener Stift im Grab, mit dem diese Schönheit vielleicht am Körper oder an den Armen tätowiert worden war.

Außer Schmuckstücken aus Bronze gab es aber auch solche aus anderen Materialien. So wurden manche Anhänger für Halsketten aus Sandstein, Kiesel, Hornblendeschiefer und Bernstein geschaffen. Ein in Sulingen-Vorwohlde[10] (Kreis Diepholz) in Niedersachsen bestatteter Mann trug einen schmalen Fingerring aus Eisen, es ist der älteste Eisengegenstand Norddeutschlands. Vielleicht gelangte dieses Metall – das damals seltener und wertvoller als Gold war – aus dem ägäischen Raum in den Norden.

Unter den wenigen Goldschmuckstücken ragt vor allem der mondsichelförmige Halskragen (Lunula genannt) von Pattensen-Schulenburg[11] (Kreis Hannover) heraus. Sein Durchmesser beträgt 17,5 Zentimeter. Unter dem Rand sind jeweils zwei parallele Linien als Verzierung angebracht. Es ist die einzige Goldlunula in Niedersachsen, während man von zwei anderen niedersächsischen Fundorten drei solcher Halskragen aus Bronze kennt. Als Hauptverbreitungsgebiet derartiger Schmuckstücke gilt Irland, das über reiche Goldvorkommen verfügte.

Die Toten im Verbreitungsgebiet des Sögel-Wohlde-Kreises wurden unverbrannt sowie gelegentlich mit Tongefäßen, Toilettegeräten (Tätowierstifte), Waffen und Schmuck versehen bestattet. Die reichen Beigaben deuten auf einen gewissen Wohlstand der Verstorbenen hin. Über den Gräbern schüttete man mitunter bis zu anderthalb Meter hohe Hügel auf.

Während der Sögel-Wohlde-Zeit ist die Totenhütte von Baven[12] (Kreis Celle) errichtet worden. Sie wurde unter einem etwa 1,50 Meter hohen Grabhügel mit einem Durchmesser von etwa 20 Metern entdeckt. Die Reste der etwa 6,50 Meter langen und 4,50 Meter breiten Totenhütte lagen im Nordwesten des Grabhügels unter einer starken Brandschicht. Ein größerer Raum in der Hütte wurde durch eine Flechtwand abgetrennt.

In der Totenhütte von Baven ist ein Mann beigesetzt worden, der üppig ausgestattet war. Neben einem Kurzschwert vom Typ Wohlde und einen Dolch vom Typ Sögel mit Pflocknieten wurden ihm ein Feuersteindolch, zwei Schlagsteine, 17 herzförmige Pfeilspitzen aus Feuerstein, eine Bronzenadel sowie ein Holzbecher mit ins Grab gelegt. Man bedeckte den Leichnam dieses Kriegers mit einer starken Lehmschicht und brannte dann die Hütte nieder. Was damit bezweckt werden sollte, entzieht sich unserer Kenntnis.

Auf makabre Opferbräuche zur Zeit des Sögel-Wohlde-Kreises könnten fünf zwischen 1861 und 1866 im Tannenhausener Moor (Kreis Aurich) entdeckte Leichen hinweisen, wenn sie tatsächlich aus dieser Kulturstufe stammen. Die 1861 gefundene Moorleiche war eine Frau und stammte – wie der nach Hamburg verkaufte Schmuck beweisen soll – aus der Frühbronzezeit. Auf dem Kopf der Frau soll an den Seiten und hinten das Haar noch vorhanden gewesen sein, doch vorn hatte man – wie angeblich ein Amtsarzt herausfand – die Kopfhaut mit Haar durch scharfe Schnitte abgetrennt.

Ähnliche Verletzungen der Kopfhaut wurden angeblich auch bei den vier übrigen Moorleichen festgestellt. Doch dieser merkwürdige Fund, den der Moorarchäologe Alfred Dieck (1906–1989) aus Hannover 1978 publizierte, ist nicht überprüfbar. Die Funde aus dem Tannenhausener Moor sollen den Brauch des Skalpierens widerspiegeln. Dieser wurde offenbar schon in der späten Altsteinzeit vor mehr als 10.000 Jahren praktiziert, wie ein Fund aus der Burghöhle in Dietfurt[13] (Kreis Sigmaringen) in Baden-Württemberg beweist.

Die Ablösung des Sögel-Wohlde-Kreises erfolgte durch das unvermittelte Auftauchen westfranzösischer/britischer Absatzbeile und Rapierschwerter. Ihre Übernahme in den heimischen Formenschatz markiert den Beginn der älteren Bronzezeit in Niedersachsen.

Anmerkungen

Die Frühbronzezeit in Deutschland
1] Die Zusammenstellung dieser Übersicht über die Verbreitung und Zeitdauer von Kulturen der Frühbronzezeit entstand 1996 mit Hilfe des Anthropologen Peter Schröter von der Anthropologischen Staatssammlung, München sowie der Prähistoriker Friedrich Laux vom Hamburger Museum für Archäologie, Hamburg-Harburg, Rüdiger Krause vom Landesdenkmalamt Baden-Württemberg, Stuttgart, und Joachim Köninger aus Freiburg/Breisgau.

Der Sögel-Wohlde-Kreis
1] Den Begriff Einzelgrab-Kultur hat 1882 die Prähistorikerin Johanna Mestorf (1829–1909) aus Kiel eingeführt. Sie wurde 1873 Kustos und 1891 Direktorin des Kieler Museums und war damit die erste Museumsdirektorin Deutschlands. Zu ihrem 70. Geburtstag erhielt sie als erste Frau den Professorentitel.
2] Die Schädelbestattung von Metzendorf-Woxdorf wurde 1958 entdeckt und durch den damals in Hamburg arbeitenden Prähistoriker Willi Wegewitz (1898–1996) ausgegraben. Er war zunächst Volksschullehrer, bis 1930 nebenamtlicher Leiter der vorgeschichtlichen Abteilung des Museums Stade, 1930 bis 1937 nebenamtlicher Leiter des Hamburger Helms-Museums, 1937 hauptamtlicher Leiter und ab 1957 Direktor. Das Helms-Museum ist nach dem Senator August Helms

(1847–1920) aus Hamburg benannt, der 1898 die Gründung eines Museumsvereins angeregt hatte. Ab 1956 war Wegewitz Honorarprofessor an der Universität Hamburg.

3] Beim Bau eines neuen Weges in Spahn wurden 1898 Grabhügel ausgegraben, in denen sich die beiden für den Typ Sögel namengebenden Kurzschwerter befanden. Diese Funde gelangten nach Sögel in die Sammlung des Rechtsanwalts Schlicht, bei dem der Prähistoriker Ernst Sprockhoff (1892–1967) wohnte, als er im Emsland beziehungsweise in den damaligen Kreisen Aschendorf und Hamburg Steingräber aufnahm. Sprockhoff hat 1927, als er am Landesmuseum Hannover arbeitete, die zwei Kurzschwerter unter der Fundortangabe »bei Sögel« in der »Prähistorischen Zeitschrift« erstmals vorgestellt.

4] Im Hügelgräberfeld von Dohnsen-Wohlde haben mehrere Ausgräber Untersuchungen durchgeführt: 1880 und 1890 der Präzeptor (Lehrer) Wilhelm Meyer (1825–1895) aus Bergen, 1900 der Präzeptor Friedrich Römstedt (1849–1930) aus Bergen, der das Heimatmuseum »Römstedthaus« aufbaute, 1908 der damals in Hannover arbeitende Prähistoriker Hans Hahne (1875–1935), 1933 Römstedts Schwiegersohn, der Lehrer Wilhelm Niebuhr (1892–1978) aus Bergen, sowie 1953 der Landwirt und Prähistoriker Hans Piesker (1894–1977) aus Hermannsburg. Um 1900 wurde das Hügelgräber-feld durch Straßen- und Eisenbahnbau stark zerstört. Das namengebende Kurzschwert vom Typ Wohlde kam im November 1933 beim Pflügen in Dohnsen/Roxhüllen-Wohlde zum Vorschein.

5] Das Grab der »Prinzessin von Fallingbostel« wurde 1904 vom Knecht des Kirchenvorstehers Pröhl aus Fallingbostel beim Sandgraben auf einem etwa zehn Minuten südwestlich der Stadt gelegenen Grundstück seines Arbeitgebers entdeckt. Der Fund gelangte in den Besitz des Lüneburger Regierungsbaurats Eduard Schlöbcke (1852–1936) und blieb auch nach dessen Tod in der Familie.

6] Die Feuersteinpfeilspitzen von Barglay lagen in einem Grab, das 1820 durch Generalmajor Wilhelm Gustav Friedrich von Wardenburg (1781–1838) aus Oldenburg ausgegraben und 1837 von Pastor Georg Wilhelm Anton Oldenburg (1793–1854) beschrieben wurde. Oldenburg hatte von 1813 bis 1833 in Wildeshausen gearbeitet, war wegen eines Augenleidens aus dem Dienst ausgeschieden und danach zu Verwandten nach Lemgo gezogen, wo er starb. Dass sich unter den Pfeilspitzen ein Exemplar aus rotem Helgoländer Feuerstein befand, stellte der holländische Prähistoriker Jaap R. Beuker vom Provinzial Museum van Drenthe fest, dem diese Funde 1989 während eines Besuches im Staatlichen Museum für Naturkunde und Vorgeschichte, Oldenburg aufgefallen waren.

7] Bei Luttum wurden im Herbst 1963 drei frühbronzezeitliche Gräber untersucht.

8] Der Bohlenweg mit der Bezeichnung XVIII (Le) bei Ockenhausen/Oltmannsfehn (Kreis Leer) wurde im Januar 1978 von dem Restaurator Reinhard Schneider am Staatlichen Museum für Naturkunde und Vorgeschichte, Oldenburg, bei der Suche nach dem 1935 ausgegrabenen Bohlenweg IX (Le) entdeckt. 1983 und

1984 erfolgten Ausgrabungen durch den Moorforscher Hajo Hayen aus Oldenburg (1923–1991) und Reinhard Schneider. C14-Datierungen einiger Abschnitte von Erlenrundbohlen an der Universität Köln ergaben, dass das Holz für den Bohlenweg XVIII (Le) um 2010 v. Chr. gefällt worden ist. Der Bohlenweg IX (Le) wurde 713 v. Chr. errichtet.

9] Die vier Scheibenräder bei Glum wurden von Bauern beim Torfgraben gefunden. 1880 und 1881 kam jeweils ein Scheibenrad zum Vorschein. 1883 hat man zwei Scheibenräder geborgen.

10] Der Fingerring aus Eisen in Sulingen-Vorwohlde wurde bei den zweiwöchigen Grabungen ab 26. November 1928 durch Ernst Sprockhoff (s. Anm. 3) entdeckt.

11] Die goldene Lunula von Pattensen-Schulenburg wurde 1911 von einem Arbeiter beim Roden alten Baumbestandes an der Wurzel eines umgelegten Baumes zutage gefördert.

12] Die Totenhütte von Baven wurde 1932 durch Hans Piesker s. Anm. 4) ausgegraben.

13] Bei Ausgrabungen des Landesdenkmalamtes Baden-Württemberg und des Instituts für Ur- und Frühgeschichte der Universität Köln in der Burghöhle von Dietfurt wurden 1988 Fragmente eines zertrümmerten Schädels mit auffälligen Schnittspuren auf der Außenfläche des Hinterhauptsbeines entdeckt. Da diese Schnitte im Bereich des Haaransatzes verlaufen, vermutete der Kölner Prähistoriker Wolfgang Taute (1934–1995), dass der betreffende Mensch skalpiert worden ist.

Literatur

Die Frühbronzezeit in Deutschland
ABELS, Björn-Uwe: Archäologischer Führer Oberfranken, Stuttgart 1986
BECKER, Bernd / KRAUSE, Rüdiger / KROMER, Bernd: Zur absoluten Chronologie der Frühen Bronzezeit. Germania, Band 67, 2. Halbband, S. 421–442, Frankfurt/Main 1989
BERGER, Arthur: Die Bronzezeit in Ober- und Mittelfranken. Materialhefte zur Bayerischen Vorgeschichte, Reihe A, Band 52, Kallmünz 1984
BERGMANN, Joseph: Zur frühen und älteren Bronzezeit in Niedersachsen. Germania, Jahrgang 30, S. 21–30, Frankfurt/Main 1952
FRÖHLICH, Siegfried: Zur Archäologie der Bronzezeit und der vorrömischen Eisenzeit in Niedersachsen. Ausgrabungen in Niedersachsen. Archäologische Denkmalpflege 1979–1984. Herausgegeben von der Archäologischen Denkmalpflege im Institut für Denkmalpflege, Niedersächsisches Landesverwaltungsamt durch Klemens Wilhelmi. Berichte zur Denkmalpflege in Niedersachen, Beiheft 1, S. 139–141, Stuttgart 1985
HERRMANN, Joachim (Herausgeber): Archäologie in der Deutschen Demokratischen Republik, Stuttgart 1989

HOLSTE, Friedrich: Die Bronzezeit in Süd- und Westdeutschland. Handbuch der Urgeschichte Deutschlands, Band 1, Berlin 1953

HORST, Fritz: Bemerkungen zur chronologischen Einordnung der frühen und älteren Bronzezeit im mitteleuropäischen Raum. Aus: Beiträge zur Geschichte und Kultur der mitteleuropäischen Bronzezeit, Teil I, S. 169–178, Berlin/Nitra 1990

JACOB-FRIESEN, Karl Hermann: Einführung in Niedersachsens Urgeschichte. 2. Teil. Bronzezeit, Hildesheim 1963

JOCKENHÖVEL, Albrecht: Raum und Zeit – Gliederung der Bronzezeit. Aus: JOCKENHÖVEL, Albrecht / KUBACH, Wolf (Herausgeber): Bronzezeit in Deutschland, Sonderheft der Zeitschrift »Archäologie in Deutschland«, S. 11–14, Stuttgart 1994

JUNGHANS, Siegfried / KLEIN, Hans / SCHEUFELE, Erwin: Untersuchungen zur Kupfer- und Frühbronzezeit Süddeutschlands. 34. Bericht der Römisch-Germanischen Kommission 1951–1953, S. 77–114, Berlin 1954.

LAUX, Friedrich: Die Bronzezeit im mittleren Niedersachsen. Führer zu vor- und frühgeschichtlichen Denkmälern, Band 48. Hannover, Nienburg, Hildesheim, Alfeld, Teil I: Einführende Aufsätze, S. 74–90, Mainz 1981

LICHARDUS, Jan: Beiträge zur jüngeren Steinzeit und Bronzezeit im Saar-Mosel-Raum. II. Entstehung der frühen Bronzezeit. 25./26. Bericht der Staatlichen Denkmalpflege im Saarland, S. 31–60, Saarbrücken 1980

REINECKE, Paul: Zur chronologischen Gliederung der süddeutschen Bronzezeit. Germania, Jahrgang 8, S. 43–44, Frankfurt/Main 1924

SCHAUER, Peter: Forschungen zur Geschichte der Bronzezeit in Deutschland. Aus: Ausgrabungen in Deutschland. Teil 1. Vorgeschichte – Römerzeit, S. 121–124, Mainz 1975

SCHUBERT, Eckehart: Studien zur frühen Bronze-zeit an der mittleren Donau. 54. Bericht der Römisch-Germanischen Kommission 1973, Berlin 1974

SCHUCHHARDT, Carl: Vorgeschichte von Deutsch-land, München und Berlin 1928

SCHUMACHER, Karl: Stand und Aufgaben der bronzezeitlichen Forschung in Deutschland. 10. Bericht der Römisch-Germanischen Kommission, S. 7–85, Frankfurt/Main 1918

SCHWANTES, Gustav: Vorgeschichte von Schleswig-Holstein. Stein- und Bronzezeit, Neumünster 1934–39.

STEINER, Ute: Ausgrabungen und Funde. Register-band für die Jahrgänge 1–25, Berlin 1983

STRUVE, Karl W.: Die frühe Bronzezeit (Periode I). Aus: STRUVE, Karl W. / HINGST, Hans / JAN-KUHN, Herbert: Von der Bronzezeit zur Völkerwan-derungszeit, S. 12–26, Neumünster 1979

WEBER, Gesine: Die Frühe Bronzezeit. Aus: WEBER, Gesine: Händler, Krieger, Bronzegießer. Bronzezeit in Nordhessen. Vor- und Frühgeschichte im Hessischen Landesmuseum in Kassel, Heft 3, S. 56–69, Kassel 1992

Der Sögel-Wohlde-Kreis

ANGER, Siegfried / DIECK, Alfred: Skalpieren in Europa seit dem Neolithikum bis um 1767 nach Chr. Bonner Hefte zur Vorgeschichte, Band 17, S. 153–240, Bonn 1978

BERGMANN, Joseph: Zur frühen und älteren Bronzezeit in Niedersachsen. Germania, Jahrgang 30, S. 21–30, Frankfurt/Main 1952

BEUKER, Jaap R.: Die Verwendung von Helgoländer Flint in der Stein- und Bronzezeit. Die Kunde, N. F., Band 39, S. 93–116, Hannover 1988

BEUKER, Jaap R.: Eine merkwürdige Pfeilspitze aus Barglay, Kreis Oldenburg. Archäologische Mitteilungen aus Nordwestdeutschland, Band 14, S. 3–24, Oldenburg 1991

BRUNN, Wilhelm Albert von: Ernst Sprockhoff zum Gedächtnis. Offa 1967, Jahrgang 23, S. 7–17, Neumünster 1968

FANSA, Mamoun / SCHNEIDER, Reinhard: Der Bohlenweg XVIII (Le) bei Ockenhausen/Oltmannsfehn (Uplengen, Ostfriesland, Ldkr. Leer). Archäologische Mitteilungen aus Norddeutschland, Heft 15, S. 89–99, Oldenburg 1992

FANSA, Mamoun / SCHNEIDER, Reinhard: Die Bohlenwege bei Ockenhausen/Oltmannsfehn, Gde. Uplengen, Ldkr. Leer). Archäologische Mitteilungen aus Norddeutschland, Heft 16, S. 23–43, Oldenburg 1993

FANSA, Mamoun / SCHNEIDER, Reinhard: Moorarchäologie in Stadt und Landkreis Oldenburg – Eine Forschungsgeschichte. Aus: BEHRE, Karl-Ernst /

ECKERT, Irene / ECKERT, Jörg / ECKHARDT, Albrecht / ELERD, Udo / FANSA, Mamoun / FRANKE, Thomas / HEINE, Hans-Wilhelm / METZLER, Alf / SCHNEIDER, Reinhard / SEGERS-GLOCKE, Christiane / WICHMANN, Horst / WILBERTZ, Otto Mathias / WULF, Friedrich-Wilhelm: Führer zu archäologischen Denkmälern in Deutschland, Band 31. Stadt und Landkreis Oldenburg, S. 113–129, Stuttgart 1995

FILIP, Jan: Sögeler Kreis. Aus: FILIP, Jan (Herausgeber): Enzyklopädisches Handbuch zur Ur- und Frühgeschichte Europas, Band 2, S. 1333, Stuttgart 1969

HACHMANN, Rolf: Die frühe Bronzezeit im westlichen Ostseegebiet und ihre mittel- und südosteuropäischen Beziehungen. Chronologische Untersuchungen, 6. Beiheft zum Atlas der Urgeschichte, Hamburg 1957

HAHNE, Hans: Bericht über die Ausgrabungen von Hügeln bei Wohlde, Kr. Celle. Jahrbuch des Provinzial-Museums zu Hannover, S. 57–67, Hannover 1909

HAHNE, Hans: Das frühbronzezeitliche Goldgeschmeide von Schulenburg, Kreis Marienburg. Mannus, Band 4, S. 70– 71, Würzburg 1912

HAYEN, Hajo: Vier Scheibenräder aus dem Vehnemoor bei Glum. Die Kunde, N. F., Band 23, S. 62–86, Hannover 1972

HAYEN, Hajo: Der Wagen in europäischer Frühzeit. Aus: TREUE, Wilhelm (Herausgeber): Achse, Rad und Wagen. Fünftausend Jahre Kultur- und Technikgeschichte, S. 109–138, Göttingen 1986

KALTOFEN, Andrea: Forschungsgeschichte im Emsland: Elisabeth Schlicht – Ein Leben für die Vorgeschichte. Die Kunde, N. F., Band 43, S. 275–280, Hannover 1992

LAUX, Friedrich: Ein bronzezeitliches Frauengrab aus Der Lüneburger Heide. Harburger Jahrbuch, Band 13, S. 43–51, Harburg 1968/72

LAUX, Friedrich: Die Sögel-Wohlde-Zeit. Aus: Die Bronzezeit in der Lüneburger Heide. Veröffentlichungen der urgeschichtlichen Sammlungen des Landesmuseums zu Hannover, Band 18, S. 97–101, Hildesheim 1971

LAUX, Friedrich: Bronzezeitliche Kulturerscheinun-gen im Lüneburger Gebiet und in den angrenzenden Landschaften. Archäologisches Korrespondenzblatt, Jahrgang 13, S. 75–84, Mainz 1983

LAUX, Friedrich: Bronzezeitliche Tracht und Bewaffnung. Führer zu archäologischen Denkmälern in Deutschland. Band 19. Landkreis Soltau-Fallingbostel, S. 77–96, Stuttgart 1984

LAUX, Friedrich: Zur älteren und mittleren Bronzezeit in Niedersachsen. Aus: Beiträge zur mitteleuropäischen Bronzezeit, Teil II, S. 275–294, Berlin/Nitra 1990

LAUX, Friedrich / HARCK, Ole: Studien zur Bronzezeitchronologie an der Niederelbe. Neue Ausgrabungen und Forschungen in Niedersachsen, Band 17, S. 61–106, Hildesheim 1986

PIESKER, Hans: Das älterbronzezeitliche Totenhaus von Baven, Kreis Celle. Die Kunde, Band 1, Heft 3/4, S. 1–4, Hannover 1933

PIESKER, Hans: Funde aus der ältesten Bronzezeit der Heide. Nachrichten aus Niedersachsens Urgeschichte, Band 11, S. 120–143, Hildesheim 1937

SCHÜNEMANN, Detlef: Drei frühbronzezeitliche Hügelgräber bei Luttum, Kreis Verden. Nachrichten aus Niedersachsens Urgeschichte, Band 35, 69–72, Hildesheim 1966

SCHÜNEMANN, Detlef: Endneolithische und frühbronzezeitliche Hügelgräber bei Luttum, Kreis Verden. Die Kunde, N. F., Band 18, S. 30–51, Hannover 1967

SPROCKHOFF, Ernst: Die ältesten Schwertformen Niedersachsens. Prähistorische Zeitschrift, 18. Band, 3./4. Heft, S. 123–141, Berlin 1927

SPROCKHOFF, Ernst: Hügelgräber bei Vorwohlde im Kreis Suhlingen. Prähistorische Zeitschrift, Band 21, S. 193–236, Berlin 1930

TEMPEL, Wolf-Dieter: Hans Piesker 1. Januar 1984 – 12. Mai 1977. Nachrichten aus Niedersachsens Urgeschichte. Band 46, S. 421–423, Hildesheim 1977

WEGNER, Günter: Alt- und Neufunde von Sögelklingen. Archäologische Mitteilungen aus Nordwestdeutschland, Band 1, S. 19–24, Oldenburg 1978

Bildquellen

Klaus Benz, Fotograf, Mainz-Laubenheim: 49
Friederike Hilscher-Ehlert, Königswinter: 47
Reproduktionen von Fotos aus dem Buch
»Deutschland in der Bronzezeit« (1996) von Ernst
Probst: 6 (Archäologische Arbeitsgemeinschaft e. V.,
Landkreis Soltau-Fallingbostel), 14 (Dr. Friedrich
Laux, Hamburg-Harburg), 8 (Niedersächisches
Landesmuseum, Hannover, Urgeschichtsabteilung),
23 (Lotti Rathgeber, geborene Piesker, Hermanns-
burg), 27 (Dipl.-Ing. Reinhard Schneider, Staatliches
Museum für Naturkunde und Vorgeschichte,
Oldenburg)
Reproduktion einer Karte von Rainer Veit aus dem
Buch »Deutschland in der Bronzezeit« (1996) von
Ernst Probst: 16
Reproduktionen von Zeichnungen aus dem Buch
»Deutschland in der Bronzezeit« (1996) von Ernst
Probst: 10 (Reproduktion aus Jorn Street-Jensen:
Christian Jürgensen Thomsen und Ludwig Linden-
schmit: Eine Gelehrtenkorrespondenz aus der
Frühzeit der Altertumskunde (1853–1964), Mainz
1985)
Zeichnungen von Friederike Hilscher-Ehlert für das
Buch »Deutschland in der Bronzezeit« (1996) von
Ernst Probst: 1, 29

Die wissenschaftliche Graphikerin Friederike Hilscher-Ehlert

Friederike Hilscher-Ehlert wurde am 13. Dezember 1946 in Hamburg geboren. Sie absolvierte eine Ausbildung sowie ein Studium in den Fächern Kostümbild und Bühnenbild. Danach war sie mehrere Jahre lang an der Bühne tätig. Auf dem zweiten Berufsweg wurde sie wissenschaftliche Graphikerin mit dem Schwerpunkt Archäologie und arbeitete am Rheinischen Landesmuseum Bonn. Ihre Fachgebiete waren Restaurierung, Archäo-Botanik, Wissenschafts-Publikationen, Amtshilfe bei externen Projekten und Ausstellungskonzeption. Mit Lebensbildern von Menschen aus vergangenen Zeiten machte sie sich bereits einen Namen, als solche Kunstwerke in ihrer Heimat noch Seltenheiten waren. Das erste Buch, in dem Zeichnungen von Friederike Hilscher-Ehlert abgebildet wurden, heißt »Report aus der Römerzeit« (1989). In den frühen 1990-er Jahren schuf sie zahlreiche Lebensbilder für das Buch »Deutschland in der Bronzezeit« (1996) des Wiesbadener Wissenschaftsautors Ernst Probst. Großformatige Lebensbilder aus ihrer Hand schmücken die Werke »Die Römer« (1999), »Die Steinzeitler« (2003), »Die Kelten" (2003) und »Die Franken« (2003) in der vom Rhein-ischen Landesmuseum Bonn herausgegebenen Reihe »Lebendige Vergangenheit«. Im Geleitwort schrieb Professor Dr. Hans-Eckart Joachim: »Die Zeichnerin Friederike Hilscher-Ehlert verbindet wissenschaftlich abgesicherte, akribische Prägnanz mit virtuosem unverkennbaren Personalstil, der der Phantasie und Entdeckerfreude Raum lässt. So entstehen Bilder, in denen uns Menschen und Menschengemachtes der Vergangenheit entgegentreten, längst verwischte Spuren sichtbar werden.« Zeichnungen von ihr erschienen außer in Büchern auch in wissenschaftlichen Zeitschriften und man sah sie in Ausstellungen von Museen oder auf zahlreichen farbprächtigen Ansichtskarten. Friederike Hilscher-Ehlert betont: »Archäologische Illustration ist heute in keinem Museum und in keiner fundierten Fachpublikation mehr entbehrlich. Es ist mir eine Freude Wegbereiterin dieser Art Graphik in Deutschland gewesen zu sein.«

Der Autor Ernst Probst

Ernst Probst, geboren am 20. Januar 1946 in Neunburg vorm Wald im bayerischen Regierungsbezirk Oberpfalz, ist Journalist und Wissenschaftsautor. Er arbeitete von 1968 bis 1971 als Redakteur bei den »Nürnberger Nachrichten«, von 1971 bis 1973 in der Zentralredaktion des »Ring Nordbayerischer Tageszeitungen« in Bayreuth und von 1973 bis 2001 bei der »Allgemeinen Zeitung«, Mainz. In seiner Freizeit schrieb er Artikel für die »Frankfurter Allgemeine Zeitung«, »Süddeutsche Zeitung«, »Die Welt«, »Frankfurter Rundschau«, »Neue Zürcher Zeitung«, »Tages-Anzeiger«, Zürich, »Salzburger Nachrichten«, »Die Zeit", »Rheinischer Merkur«, »Deutsches Allgemeines Sonntagsblatt«, »bild der wissenschaft«, »kosmos«, »Deutsche Presse-Agentur« (dpa), »Associated Press« (AP) und den

»Deutschen Forschungsdienst« (df). Aus seiner Feder stammen die Bücher »Deutschland in der Urzeit« (1986), »Deutschland in der Steinzeit« (1991), »Rekorde der Urzeit« (1992), »Dinosaurier in Deutschland« (1993 zusammen mit Raymund Windolf) und »Deutschland in der Bronzezeit« (1996). Von 2001 bis 2006 betätigte sich Ernst Probst als Buchverleger sowie zeitweise als internationaler Fossilienhändler und Antiquitätenhändler. Insgesamt veröffentlichte er mehr als 100 Bücher, Taschenbücher, Broschüren und E-Books.

Bücher von Ernst Probst

Affenmenschen
Von Bigfoot bis zum Yeti

Annie Oakley
Die Meisterschützin des Wilden Westens

Archaeopteryx. Der Urvogel aus Bayern

Christl-Marie Schultes. Die erste Fliegerin in Bayern
(zusammen mit Theo Lederer)

Cortés und Malinche. Der spanische Eroberer
und seine indianische Geliebte

Das Dinotherium-Museum Eppelsheim
Führer durch die Ausstellung
(zusammen mit Dr. Jens Lorenz Franzen
und Heiner Roos)

Der Europäische Jaguar

Der Mosbacher Löwe
Die riesige Raubkatze aus Wiesbaden

Der Rhein-Elefant
Das Schreckenstier von Eppelsheim

Superfrauen 4 – Wirtschaft und Verkehr

Superfrauen 5 – Wissenschaft

Superfrauen 6 – Medizin

Superfrauen 7 – Film und Theater

Superfrauen 8 – Literatur

Superfrauen 9 – Malerei und Fotografie

Superfrauen 10 – Musik und Tanz

Superfrauen 11 – Feminismus und Familie

Superfrauen 12 – Sport

Superfrauen 13 – Mode und Kosmetik

Superfrauen 14 – Medien und Astrologie

Tony und Bruno Werntgen. Zwei Leben
für die Luftfahrt (zusammen mit Paul Wirtz)

Zenobia von Palmyra. Eine Frau kämpft
gegen die Römer

Bestellungen bei: http://www.grin.com